문학과지성 시인선 247

공중 속의
내 정원

박라연 시집

문학과지성 시인선 247
공중 속의 내 정원

초판발행 / 2000년 9월 18일
2쇄발행 / 2001년 3월 8일

지은이 / 박라연
펴낸이 / 채호기
펴낸곳 / ㈜문학과지성사
등록번호 / 제10-918호(1993.12.16)

서울 마포구 서교동 363-12호 무원빌딩(121-838)
편집: 338)7224~5 FAX 323)4180
영업: 338)7222~3 FAX 338)7221
홈페이지/ www.moonji.com

ⓒ 박라연, 2000. Printed in Seoul, Korea
ISBN 89-320-1196-6

값 5,000원

* 잘못된 책은 바꾸어드립니다.
* 지은이와 협의에 의해 인지는 생략합니다.

* 이 책의 판권은 지은이와 문학과지성사에 있습니다.
  양측의 서면 동의 없는 무단 전재 및 복제를 금합니다.

문학과지성 시인선 247
공중 속의 내 정원
박라연

2000

시인의 말

마흔아홉 해의 꽃잎
거북머리로 흘러들어간다
종착역인 양 門을 닫아버린다
마흔아홉 해를 다시 산다
금오산 거북이의 육체
뒷머리 깊은 곳에 이르러
놓고 가고 싶던
거북이 밖에서의 마흔아홉 해,
새끼 버리는 일처럼 부끄러워
스스로 停電!
거북머리 正東쪽에 엎드린다
수천 번쯤 오체투지!
內, 外의 꽃잎 겹쳐진다
거북이의 머리 다시 열린다
겹으로 살아내느라
얇디얇은 꽃잎에 박혀진 옹이
꽃 결이 된 옹이들을
받아 안아주실 것 같은
아직은 이름을 외칠 수 없는
나의 스승님께
겹꽃의 가시를 함께 견뎌줄
아직도 詩를 아끼는 분들께
덩달아 아프게 살 나의 짝에게
이 책을 바친다

2000년 9월
박라연

공중 속의 내 정원

차 례

▨ 시인의 말

공중 속의 내 정원 1 / 9
靈龜庵 육체론 1 / 10
돌무덤 / 11
공중 속의 내 정원 2 / 12
금오산 낙조 / 13
공중 속의 내 정원 3 / 15
공중 속의 내 정원 4 / 16
공중 속의 내 정원 5 / 17
질량 보존의 법칙 1 / 18
질량 보존의 법칙 2 / 19
질량 보존의 법칙 3 / 20
질량 보존의 법칙 4 / 22
질량 보존의 법칙 5 / 23
질량 보존의 법칙 6 / 24
새의 부리 / 26
꽃의 穴宮 / 27
죽음에 대한 禮儀 / 28
느티나무 / 30
다시 꿈꿀 수 있다면 / 31
얼룩말을 위하여 / 32
沈香 / 33

獻花歌 / 34
말린 장미 이야기 / 35
玉花 / 36
통유리창 / 37
만월 / 38
어머니, 靈山 / 39
生 / 40
아직은 5월 / 41
안 보이는 숲 / 42
굴비 / 43
이등변 삼각형 / 44
몸 속의 장미와 진달래의 묘지에서 / 45
靈龜庵 육체론 2 / 46
아름다운 시작 / 48
식물 인간, 혹은 / 49
노쇠한 꿈의 노래 / 50
동류항 / 51
꿈 / 52
사슴꽃장미나무 이야기 / 53
祭儀 / 54
신태인 일몰 / 55
도라지꽃 피는 계절 / 56
이어도 / 57
궁항 / 58
메주 / 60
한 밭의 후회 / 61

돌에도 봄이 / 62
열정 / 63
그림자 / 64
殘日 / 65
금시조 / 66
봄 / 67
예감의 액자 속에, 神을 / 68
무등산 호박꽃 / 69
지리산 / 70
4月, 마른 것들을 잠근다 / 72
감은사 가는 길 / 73
한 流配家의 정원에서 / 74
含月山 / 76
花石 / 77

▨ 해설·죽음의 산란(産卵)·오형엽 / 78

공중 속의 내 정원 1
―産卵

공중의 허리에 걸린 夕陽
사각사각
알을 낳는다
달디단 열매의 속살처럼
잘 익은 빛
살이 통통히 오른 빛
뼈가 드러나도록 푸르게 살아내려는,
스물네 시간 중 단 십 분만 행복해도
달디달아지는
통통해지는
참 가벼운 몸무게의 일상 속에서만
노을로 퍼지는
저 죽음의 황홀한 産卵
육백여 분만 죽음의 알로 살아내면
부화될 수 있다고 믿을 생각이다
시누대처럼 야위어가던 한 生의 그림자
그 알을 먹고 사는 나날을 꿈꾼다
없는 우물에
부화 직전의 太陽이 걸렸다!
심봤다!

靈龜庵 육체론 1

자살하고 싶은 者, 靈龜庵에 가보라
상형 문자 같은 부적 같은 經 같은 문장을
온몸에 새기고 사는 한 육체를 만나보라
그 육체가 낳아 기른 바위와 동백,
물의 몸에 새겨진 거북 무늬를

그래도 사는 일의 체온이 올라가지 않으면
거북 무늬의 문자를 해독하기 위해 제 몸에
거북이의 피부를 이식한 바위
그 바위와 바위 사이의 응달
그러니까, 최소량의 穀氣인 흙과 수분 햇살이
산 자의 육안으로도 좀처럼 짐작되지 않는
저 폐허!
그 틈새서도 수백 년쯤 거뜬히 살아낸
해마다 붉은 기운을 암자 가득히
바다 가득히 물들여내는 동백
그의 거처에서 뿜어져나오는 살아 있음의
생생함을 본 후에도 살고 싶지 않으면
태어나기 이전의 제 세포의
숫자를 헤아려볼 일이다

돌무덤

우면산의 나무 한 그루에
돌담을 둥그렇게 쌓는다 제 몸집만
으로는 쉽게 틈이 생길까 두려워
아무나 함부로 넘보지 않게 하려고
산에 오를 때마다
그 나무 옆구리에 돌무덤을 쌓는다
저 집은,
아픈 마음들이
미리 들어가 쉬기도 하는 곳
공중 속의 내 정원으로 가는 길이
훤히 보이는 곳, 이라는
이미지의 문패를 달았다
거미줄에 걸린 잠자리처럼
사는 일이 참혹할 때
저 집이,
한시적인 죽음으로 시간을 끌어주면
죽음의 나체 같던 겨울 나뭇가지에
피가 돌 듯
시커멓게 그을린 마흔 넘은 그림자에도
생피가 흐르기를 바라면서,

공중 속의 내 정원 2
―동박새

그저
새의 친구가 되고 싶었던 그는
제 혈관에 쌀 몇 알을 매단다
사람의 피에 흐르는 고압선이 두려운지
좀처럼 아무도 날아와 앉지 않는다
人情에 약한 새는 뜻밖에도
그의 정원에서 가장 아름다운 새,
동박새였다
동박새는 사람의 따뜻한 눈빛에 이끌려
위험한 수혈을
돌이킬 수 없는 수혈을 받고 말았다
쌀의 피가 돌고
사람의 피가 돌기 시작한 새는
제 주소를 그에게 내어주고 만다
胃 주머니 속의 쌀을
공중의 주소에 한 옴큼 매달며
그는 하루를 시작한다

금오산 낙조
─장미,
　생텍쥐페리의
　사막에
　핀─

일몰 몇 분 전
靈山*에 이르렀을 때
붉은 태양의 내장이 하얗게 탈색되고 있었다
빛의 해탈을 植木받고 싶던 그 순간
거짓말처럼 터져나오던 빛의 알,

함부로 빛의 피를 받은 죄를 어쩌지?

여기 좀 보아요
저기 저 색색의 태아들을
이십일 세기의 과학으로도
증명할 길 없는
수혈 그 후의 풍경들을
가상의 공간인 양
色色의
빛의 태아가 풍선처럼 떠다니는
일몰 몇 분 전의
빨주노초파남보……의

끝없는 비행을 제발 보아줘요

그처럼 아름다운 착시를 품고
어떻게 下山하지?
사람의 눈으로 살아내기 힘들면 어쩌지?
헤매지 않고서는 피가 돌지 않던
몸 속 빛의 태아,
色色의 비행이 숨질 때마다
수십 송이의 붉은 장미가
생텍쥐페리의 사막에서 피어났다

  * 여수 금오산의 다른 명칭. 영구암(靈龜庵) 또는 향일암(向日庵)이라
    불리는, 원효가 세웠다고 전해지는 암자가 있으며 바다를 끼고 있
    다.

공중 속의 내 정원 3
──부음

뜻밖에도 동박새는
공중 속의 정원에 제 심장을 내어주고
그의 胃 주머니 아래 누워 있었다
쌀의 피를, 사람의 피를 돌게 해준 그에게
죽어서도 보여주고 싶은 표정이 있어
그의 胃 주머니까지 날아와 죽은 것이다
온기가 사라지기 전
새의 마음을 받아 안지 못한 그는
죽을 때까지 품고 가야 할
질문의 무게가 남고 말았다
새의 육체가 바람의 몸이 될 때까지
단지 따뜻한 사이가 되기 위해
위험한 수혈을 시도한 자책이 잊힐 때까지
어디서 어떻게
제 주소를 지우고 살 수 있을는지,
얼마만큼 그의 피를 흔들어야
동박새의 아픈 피를
채혈해낼 수 있을는지, 라는

공중 속의 내 정원 4
―― 4월의 방문객

좋은 날들을 아직 열어보지도 못한,

입술과 눈매, 심장을 나뭇가지 위에 대롱대롱 매달아둔다 날고 싶은, 새순 돋아나고 싶은 것들도 덩달아,

매달려서
날개 돋는 순간의
새순 돋아나려는 순간의 가려움을
아무의 눈에도 미처 안 보이는 초록을 쪼아먹고 있다
숨구멍마다 부력이 생길 때까지
심장을 초록으로 물들일 때까지

다만 공중의 주소가 없는 방문객은
들어설 수 없다 셔터가 내려지지 않았지만

공중 속의 내 정원 5
―植木

枯死木을 베어낸다
죽어가던 한 사람 몸의 일부도 벤다
그 자리에 진달래 눈빛을 수혈한다
진달래 눈빛들이
다 살아내지 못한 채 떠나는 소나무,
와 한 사람의 몸의 일부를
공중 속의 정원
햇살 많이 드는 곳에 심어주겠지
비비새 한 마리
滿開한 산벚꽃나무를 흔들며
꽃상여 되어주자, 되어주자 조른다
지 지 배 배 지 지 배 배
요령 소리를 낸다

질량 보존의 법칙 1
── 봄산

오를 수 없는 山이어서

온갖 마음들의 육체가 되기도 하는 山

사람의 무게만 희고 파래져서 돌아갈 뿐

山의 무게는 아무런 변화가 없는 것

질량 보존의 법칙 2
──착시

한 번도 본 적 없는
한 자연이
메타세쿼이아 나무의 허리에
붉은 해를 낳는 시각
사람인 그녀는
풍경과 수혈 中이다
그녀의 눈빛이 닿을 때마다
메타세쿼이아 잔뼈 사이사이에서
붉은보라달이 솟아오른다
유년의 상처가
혈액까지 침투해
원하지 않는
제2의 혈액형을 형성할 수도 있었다면
메타세쿼이아에서 붉은 해가
떠오르는 순간을 만날 수 있는 곳
그곳이 그녀의 침실인 지금
붉은보라달의 무게만으로
원하는 혈액형으로 돌아갈 수 있는 힘
그런 힘을
실어줄 수 있을는지

질량 보존의 법칙 3
── 냉탕 속의 달

냉탕에서 두둥실 떠다니는데
차디찬 물 속 어딘가에서 잘 익은
복숭아 냄새가
설마, 하면서 두둥실 떠다니는데
틀림없는 복숭아 냄새가
달의 나체를 따라다닌다 아무도 없어
고개만 갸우뚱거리는데
달의 무릎에서
가슴에서 입술에서
둥그렇게 살아남았던 복숭아들이
젊은 날을 다시 한 번 살짝,
아 그래
제 높이에서만 꽃피려고
더 높이 오르지 못했던
제 나무에서만 익으려고
떨어져내리지도 못했던
그저 눈부시게 바라보기만 했던
저 나무
저 높이 저 맛의 복숭아
붉은 열매들이 건너와

내 몸의 일부가 되었는지도
요절을 포기한 나무에서만
흘러나오는 냄새일지도
달의 온몸에
복숭아 붉은 꽃잎이 돋아날 때까지
붉은 열매가
달의 표면을 온통 덮어버릴 때까지
진짜 달은
제자리로 돌아가지 않을 생각인지도,

질량 보존의 법칙 4
―빚

뗏목인 양
나이테를 붙들고 아우성친다
사람이 떨어뜨린 사람의 입자들이
매연과 검은 입자 되어
흉흉한 제 무게를 열어보이면서
주인이 살아온 골목, 살아갈
동네를 찾아와 시커멓게 울고 있다

빚의 무게와 색채가 만져지는 순간
사람의 등으로 잠시 비켜서주시는 神,

적십자병원에 들러
아직 남은 순결한 세포들을 늘리려고
헌혈을 한다 더 이상 사람의
무게를 축내지 않으려고 단식하듯
제 이름을 지운다
상처도 너무 오래되면 빚의 무게가
될 것 같아 함께 지운다

질량 보존의 법칙 5
―채권

그에게는 참 오래된 채권이 있었어요
까맣게 잊고 살았는데
화합물의 울음을 울던 날 기억해냈지요
마치 오늘의 파산을 예감하고 사둔 것처럼

이제껏 채권을 살아 있게 한 것은
제 안에 숨겨둔 아흔아홉 마리의 여우 덕분이었지요
여우는 또 숨어 사느라 얼마나 답답했을까요
채권이나 지키면서 젊음을 다 보내버린
여우의 오랜 쓸쓸함도 안 잊을 생각이에요
채권 사세요 채권 사세요, 라고 차마 외치지 못했는데
오래된 등나무에서 수천 송이의 등꽃이 피어나듯
그의 심장을 뚫고 나온 침묵의 시간들이
사람 목소리를 내며
채권은 물론 아흔아홉 마리의 여우까지 사주었어요
뚫린 심장 켜켜에서 만져지는 공중의 흙,
물과 불의 씨앗을 용케도 품고 있었어요

질량 보존의 법칙 6
──소록도

소록도에는 사슴이 없었다
조금씩 죽어가기 위해 살아 있어야 했던
강제로 이송된 스물 서른 마흔이
먼지의 무게로 창틀 사이에 끼여 있을 뿐
정관 수술을 강제로 받은 후에 남긴
모래알처럼 번성하라, 라는 聖句를 인용한
문장이 모래알로 날아와 눈을 찌를 뿐
환자들의 비애가 흐르는 것들의 기운마저
삼켜버렸는지 물도 구름도 바람도
좀처럼 제 육체를 안 보여준다
바라만 보아도 뜨거워야 할
원불교의 천주교의 문패만 초라할 뿐
못 박힌 예수의 초상만 외로울 뿐
등꽃마저도 보라를 못 보여준다 팔도
다리도 코도 눈도 잠시 어디에 맡긴 것처럼
없는 채로 웃는 자치 구역 內의 癩病 환자의
웃음이 우리 성한 것들을 곯아터지게 할 뿐
밟는 땅조차 육체의 무게를 안 보여준다
내 모든 것까지 나를 빠져나가버린 것 같아

뼈 속까지 뒤지며 내 떨어져나간
무게나 채우려고 허둥댈 뿐이다

새의 부리

부리가 길수록
목이 긴 항아리 속에 숨겨둔 슬픔까지도
흔들어 흘러 넘치게 할 소리를 낼 수 있을 것 같아
산만큼 꽃술은 길고 아름다운 부리를
만들 수 있을 것 같아
한 점 새의 혈육이 되고 싶었다
새에서도 가장 가볍고 단단한 부리,
부리의 한 점 혈육이 되고 싶었다
그해 겨울
서른아홉 해의 꽃술을 말려
새의 부리를 만들었다

꽃의 穴*宮

지상의
고통스런 전율을 매점매석한
꽃의 穴宮
사흘 낮밤 감전되겠지
달디단 과즙, 눈부신 화색, 맑은 향기 품겠지
다시 배가 고파지면 혀를 내밀지
과즙으로 흐르게, 화색으로 퍼지게
향기로 스며들게
이 세상 모든 논리에 안과 밖이 있다면
그 이미지와 기능이 正, 反의 관계라면
꽃의 內面은?
아, 그렇지
제 몸에서 아주 오래 동고동락했던
귀신, 괴물, 독사, 사랑, 을 견디어낸
과즙, 화색, 향기라면
제 몸 안에 무엇이 살아도 좋은,
꽃의 穴宮

* 穴: 풍수 지리에서 그곳에 산소를 써야 경사가 있다고 하는, 용맥(龍脈)의 정기(精氣)가 모인 자리.

죽음에 대한 禮儀

淸凉飼育이 잠실에 불을 때지 않고
자연 온도로 누에를 기르는 일이라면,
그렇다면 청량 고추는

크기에 연연하지 아니하고
붉기에 매혹되지 아니하고
오직 매운맛이 제 몸에 가득해지기를
그 순간이 제 삶의 완성이라고 묵묵히,

하물며 너와 나의 죽음이여!
초록빛 청량 고추의 매운맛처럼
비바람의 색채로 기다림의 문양으로 물들여져야 하리
청량 누에가 뽑아내는 비단실이 그러하듯
꽃잎을 무수히 떨어낸 과즙이 그러하듯
유지매미의 울음이 그러하듯
그대에게 가는 길에도 속도와 禮儀가 있으리

곰삭은 영육들 오늘,
청량 고추를 만나 하염없다

도마 위를 구르는 칼날이 빛난다
경배하듯 오랫동안
아무리 참혹할지라도 제 죽음에 대해 禮儀를!

느티나무

열반의 순간처럼,
뼈만 남은 600세의 느티나무 동공 속으로
누워 있는 마애열반상이 들어와 누우니
온 세계가 아늑하고 황홀해진다
부처는 여자였다! 라고 느티나무는
깜깜한 눈빛으로
깜깜한 목소리로 가지들을 흔들어본다
가지들이 제 무릎을 꺾어
새 알 까는 소리
어린 새 깃 치는 소리 뿜어올릴 때
갑자기 눕고 싶어진다
영면했을 때
內世이든 來世이든
그 내부가 더 선명해지는
온전한 뿌리가 되는
종교처럼
누워서
끝에 닿아보고 싶다

다시 꿈꿀 수 있다면

다시 꿈꿀 수 있다면
개미 한 마리의 손톱으로 사천오백 날쯤
살아낸 백송, 뚫고 들어가 살아보는 일
나무 속에 살면서
제 몸의 일부를 썩히는 일
제 혼의 일부를 베어내는 순간을 닮아보는 일
향기가 악취 되는 순간을 껴안는 일
다시 꿈꿀 수 있다면
제것인 양 슬픔을 연기하는 배우처럼
누군가의 슬픔을 소리낼 줄 아는 새가 되는 일
새가 되어 살면서
미처 못 간 길, 허공에 길을 내어주는 일
그 길을 또다시 잃어버리고도
개미 한 마리로 살아내게 하는 일
나무 속에 살면서 새가 되어 살면서
축복은 神이 내리고
불운은 인간이 만든다는 것을
인정하는 일,

얼룩말을 위하여

이제
눈부신 세상이 아무리 손짓을 해도
응답하지 않기를
희고 고운
그 말을 잃기 위해 얼룩말이 되기를
말이 되지 못한 마음들이
제 몸을 지키기 위해 점, 점, 점, 스며들면
기꺼이 점박이 말이 되기를
아무도 모르게 불임의 씨앗들만 심기를
온몸에 말이 되지 못한 마음들의
상처가 얼룩 무늬 되어
아름답고 싱싱한 얼룩 무늬의 말이 되어
초원을 뛰어다닐 수도 있기를
얼룩말의 생애, 한 모퉁이에서
불임의 씨앗들 잠 깰 수 있기를,

沈香

잠시 잊은 것이다
生에 대한 감동을 너무 헐값에 산 죄
너무 헐값에 팔아버린 죄,
황홀한 순간은 언제나 마약이라는 거

잠시 잊은 것이다
저 깊고 깊은 바다 속에도 가을이 있어
가을 조기의 달디단 맛이 유별나듯
오래 견딘다는 것은 얼마나 달디단 맛인가
불면의 香인가

잠시 잊을 뻔했다
白檀香이,
지상의 모든 이별이 그러하다는 것을
깊고 깊은 곳에 숨어 사는
沈香을,

獻花歌
── 조화

미안해
너에게 그의 목숨 半을 나눠준 것
그의 생각 그의 문화 半을 나눠준 것
왜 목숨을 생각을 줬느냐고 쓸쓸해하지 마
사람에게는 아름다운 色이 香이 없어서였다고
더 솔직히 말하자면 인기척이 그리워서였다고

너의 아름다운 혼들이
고된, 마른, 검은 마음 속에
한올한올 문신하듯 새겨진다는 거
붉은 꽃잎 떨굴 때 붉은 氣를
초록 잎사귀 떨굴 때 초록의 氣를
그의 혼에 고스란히 넣어주고 영면한다는 거
나의 半도 너와 함께 떠날 거라는 거
나, 잊지 않을게

말린 장미 이야기

가죽과 뼈는 그대로인데
아무리 살펴봐도 보이지 않는 저의 피는
제 주인의 눈물 속에 있었어요
주인이 남몰래 生의 일부를
산 채로 따서 말릴 때마다
거꾸로 매달리고 싶었지요 어느 날
사는 일이 사물처럼 단순해졌으면
잠시 죽은 듯이 정지되었으면, 하면서
모든 것을 웅크리고 있는,
한 生의 뒷모습에 그만
말린 장미, 저마저 눈물을 흘리고 말았어요
그날 이후
제 주인의 남은 목숨을 지켜내기 위해
제가 대신 사물이 되거나
죽은 듯이 다시는 움직이지 않아요
거꾸로 떠 있는 태아처럼 그렇게

玉花

제 주인의 불임이 애처로워
스무 촉의 목숨을 棺도 없이
꽃의 神에게 바친다

지금 玉花는 수태 중이다
김기천 선생님 집에서 우리집으로 시집온 후
불임의 세월 무려 15년
빈사의 뿌리
휘어진 등
상처투성이의
호호백발의
몸 한가운데에
튼실한 꽃대를 뽑아올렸다
내일 혹은 모레쯤 꽃혀를 수줍게 열어
오랜 기다림의 心臟을 울리는
종소리가 되어줄 것이다

통유리창

우리 몸 속의 빛이
우리 자신까지 통과할 수 없을 때
통유리창만큼 크게 확대시킨 제 사진을 유리창에 건다
무수한 빛을 통과시키는 유리창과 친구 되기 위해
대롱대롱 매달려, 통유리창 차가운 살 속으로
뜨거움이 한 방울도 남김없이 스며들 때까지
산 자의 음성 한 올도 남김없이 잦아들 때까지,
대롱대롱 매달려,

더 이상 혼자가 아니구나, 하면서
도란도란 사진과 함께 차를 마신다
통유리창을 넘어 제 자신을 넘어
지나가버렸다고, 이미 늦었다고 생각되는
몇 가지 길들을 떠나보낸다

만월

너는
지상에서 가장
성스럽게
숨을 쉬는 항아리
너의 뚜껑은 오직
산 자의
첫 울음 소리로만
열 수 있다

어머니, 靈山

홀로된 새끼들

졸며 풀어내는 毒, 쓸어주는 혀가 있는 곳

요절한 새의 심장 다시 한번 뛰어 노니는 곳

부귀영화 그림자 되어 내려앉는 곳

만물의 마음속 악마가

어느 한순간 화들짝 善해질 때

나타나는 초록 가지 사이로

알이 되어 스며들고 싶은 곳

生

한 방울의 이슬만으로도
저승을 밀어낼 수 있다고 말해주세요
부디,

아직은 5월

아하!

色과 소리를 허기와 냄새를

상처와 광기를 주고, 또 받고 있구나

목숨까지 주고, 또 받고 있는 5월,

그 배꼽 아래 누우니 아직 남은 白色

아직 남은 초록이 減數分裂을 한다

배냇적 무게만큼 몸의 일부가

희고 파래질 때 일어선다

안 보이는 숲

사람이 한순간
안 보이는 숲이 된다는 것은
오소리 꿩 멧새들의
산매화 산아카시아 산벚꽃의
나는 것과 정지되어 있는 것의
혈액을 동시에 수혈받고 싶어서일 것이다
온몸의 무기질이 모두 빠져나가버리는
암전의 순간,
이슬 한 방울 무지개 되어 머무르는 곳
안 보이는 사람의 숲

굴비

세상이 무서워질 때
갑자기 제 자신마저 무서워질 때
영혼의 가장 추운 방에 숨겨둔
은조기떼를 풀어놓는다
비굴한 모습일랑 혼자서만 보려고
두 눈 가득 두 귀 가득 소금을 넣는다
아직은 비릿한 냄새뿐인데
감히 소금 바다를 헤엄치고 싶은데
세상 한가운데에 서면 온종일 비굴해
소금으로 영혼을 말려야만
비로소 命名되는
바다를 잊을 수 있는
굴비

이등변 삼각형
──진실 게임

진실에 대해 정의하라,

나는 밑변이 아니다 꼭지점도 아니다 오직 밑변의 흔들
림이 두려운, 밑변을 향해 뿌리내리려 일생을 바치
는 두 개의 사선일 뿐이다 두 개의 사선, 얼굴아!
나는 처음부터 두 개의 얼굴이었니?
흔들리는 곳에서 만난 모든 사람들이
사선의 주인공이 되어주었다 내
눈빛 속에 집을 지었다 거미처럼
어머니, 이제 저도 곧
태아가 될 테죠 k1, k2 s m, , , ,
밑변의 흔들림에 압정을
꽂을 때 점점이
맺히는 불꽃
어머니

,

몸 속의 장미와
진달래의 묘지에서

장미의 무덤을 열었더니
제 魂이 새겨진 눈부신 육체를
은은한 그의 냄새를 과시하고 있다
몸 속의 가시였을까
진달래의 무덤도 열었더니
분홍빛 정신
수줍음의 무늬 위에
무참히 썩어 문드러진 수십 구의 魂 더미
끄윽끄윽 토악질을 해대면서
분홍빛 정신 속에 제 혀로 가시를 박으면서
누구에겐지도 모르게 소리쳐본다
까아만 소리에 놀란
몸 속의 장미와 진달래의 무덤들이
무덤을 감싸주던 백지와 공기, 문장과 바람이
손님, 하고 무릎을 꺾는다
무릎 사이에 박히는 무수한 가시들
生의 열쇠가 되어줄까

靈龜庵 육체론 2

금오산 靈龜庵에는
심장은 있는데 구리 물고기가 없는
風磬이 산다
바닷가인데도 갯내음이 없이 사는
제 품 안의 새끼들이 마시는 공기 속에
염기가 없어도 견디게 하는 靈龜庵
그의 철학을 어떻게 읽어야 옳은가
세계 삼대 희소 지역이라 불려지는
희귀한 정신이 살고 있는
금오산 靈龜庵의 육체,
문득 발레의 古典인
백조의 호수, 잠자는 숲속의 미녀, 라는
작품 속 주인공이 떠오른다
한 번도
여자를 사랑한 적 없는 마음이
살고 있는 한 남자의 육체,
그 세포를 이식해야만 다시 사람으로
살 수 있는 백조, 오로라 공주의 운명의
희극
결코 희극이라 말할 수 없을 것 같은

한 남자의 육체가 떠오른다
삼십 년 전 한 여자의 심장 속에
제 청춘의 세포를 묻어두었다던
아직 원형질 분리도 못 시켰다던
갯내음도 염기도 없이 살면서
배냇적 뼈까지 무너져내렸을
휘청거리는 그의 육체를 오늘 열어
금오산 靈龜庵의 육체를 이식시킨다
결코 희극일 수 없는
희귀한 정신의 산란을 위해,

아름다운 시작

아무도 없는 하늘 아래서
너무 멀리 떠밀려온 빈 배 위에서
이미 시체뿐인 네 몸에서
내 혼을 찾아내리라
내 혼은 이제 오직 나 혼자만의 것
매춘은 아름다운 시작,
날마다 만나게 될 세상의 풍경들을 말리리라
도톰한 입술처럼 말려졌을 때
향불이 되어 스며들리라
나는 쉬 사라지고 너는 너무 넓지만
내 맑은 醉氣로 드넓은 세상
단 한순간만이라도 醉中得道시킬 수 있다면
나의 매춘은 오래오래 유효하리라
내 몫의 고통스런 풍경들을
말리고 말리리라 아무도 없는
하늘 아래서 너무 멀리 떠밀려온
빈 배 위에서

식물 인간, 혹은
──사람의 딸

피다 만 꽃을 본다

아직은 業의 사랑의 목숨의 처녀인데
천지간에 난초향으로 스며들고 싶은데
온갖 눈들이 조롱을 한다

아뿔싸!
불임의 씨앗이 피우다 만 꽃은
자연이 될 수도 없다니!
얼마나 많은 상처가 제 몸을
갉아줘야 자연이 될 수 있을까 몰라

노쇠한 꿈의 노래

보름달이 이우는 틈새 사이에서
빠져나오던 K*야
위험한 풍선처럼 꽉 찬 어느 축복에서
빠져나오던 S**야
내 운명에 너희는 늘 부재였다 해도
너희가 존재한다는 사실조차 모르고 살았다 해도
노쇠한 꿈을
저 수평선 너머 아득한 곳으로 실어가다오
가득하지 못한 채로 저무는 법을 가르쳐다오

  * K: 칼륨의 원소 기호.
  ** S: 황의 원소 기호.

동류항

새해 첫날 연천군 백학면 백령리 간다
문산주유소에 들러 기름을 넣는다
기다리는 동안 우연히
신창원의 얼굴과 맞닥뜨린다
왜 빨려드는 것일까 동류항?
괜스레 얼굴 밑의 사연들을 읽는다
등에는 장미 새 사슴 토끼의 문신이?
그가 살아온 세월을 잊고 싶어서
살아갈 세상은
장미, 새, 사슴, 토끼이기를 바라면서
제 뒷모습은 그러했으면, 하면서
피 흘렸을 순간이 떠오른다
문산, 파주, 연천 가는 길목의 꽃마저
병사의 속마음처럼 느껴지던 순간이 떠오른다
앞모습이 죄인인 사람 있지
뒷모습이 죄인인 사람도 있지, 하면서
부릉부릉 길떠난다
솔개처럼 살 수 있었음 싶은 白鶴이라는 청년도
GOP 보초 서면서 수천수만 마리의 솔개를
제 등에 문신하듯 새겼겠지, 하면서

꿈

너 알아?
네 앞에서 환해지기 위해
얼마나 많은 곳에서 인색해야 했는지
얼마나 많은 곳에서 빛을 훔쳐와야 했는지
너 알아?
너에게 가는 길은
제 살을 땅에 씨앗 뿌리듯
한점한점 떨어뜨려야 걸어들어갈 수 있고
걸어나올 수 있다는 거
너 알아?
머리만으로 너를 만나고 싶은 행렬이
이 세계의 半을 차지하고 있다는 거
그래서 이 세상은 아직도 살 만하다는 거

사슴꽃장미나무 이야기

누구 본 적 있으세요
세상을 뚫고 나아가
한 마리 새 되어 날지 못했을 때
세월이 흐르고 흘러도
새 되지 못한 뼈들이 얼기설기
가시가 되거나 철사줄이 되었을 때
가시와 철사줄이 사이좋게
제 몸의 뼈와 살이 되어주었을 때
한 떼의 초록빛 시체들이
가시를 뚫고 철사줄을 뚫고
나비 되어 날아오르던
그 순간을 누구 본 적 있으세요
나비들이 두 뿔을 지나 긴 목을 타고
허리부터 발끝까지
사슴꽃장미나무의 새순으로
제 목숨을 바꾸어 매달리던
그 순간을 누구 본 적 있으세요
안 보이는 길을 걷기 위해 한없이 길어진 다리.
한 그루 사슴꽃장미나무가 된 그녀를
누구 본 적 있으세요

祭儀

박정웅씨는
단란한 가족을 이루는 게 꿈이었다
그의 꿈의 열매를 祭祀에서 본 적 있다
아내의 부산한 몸놀림
아들의 단정한 옆모습
큰딸 작은딸의 조심스런 발소리
한올한올 紙榜의 글귀가 되고
향불이 되면 祭祀는 시작된다
우리가 이처럼 하나 되어 오래 전에 떠나신 분들을
숙연히 기억해본 적 있는가
이처럼 뜨거운 전율을 감추며 서로가
한 가족임을 헤아려본 적 있는가
祭祀란
온몸을 열어 머리를 숙이는
정중히 무릎을 꿇는
한없이 낮아지는 일이 아닐까
박정웅씨의 두 눈에
이복용씨의 민규 나영 민영이의 자태가
제삿날처럼 눈부셔본 적 있을까

신태인 일몰

누구였을까
저처럼 아름다운 공중을 수태시킨 자,
무엇을 잃으면
저처럼 아름다운 죽음을 출산한
태양 속으로 빨려들어갈 수 있을까

도라지꽃 피는 계절

허무의 밭에
새하얀 두루미 우수수 내려앉는다
보랏빛 나비 떼지어 훨훨
흰 두루미 사이에서 훨훨
사랑이 별것이더냐
슬퍼하는 일이제
밭이랑 사이로 철썩철썩 파도치는 일이제
아직도 슬픔의 파도 출렁인다면
봉긋봉긋 도라지꽃, 도라지꽃 피어날 수 있겠네
꽃봉오리 깨물면 비릿한 향기
적막한 산천을 적시겠네
찌르르 찌르르, 봉분마다
숫처 적 도라지꽃 피어나겠네
허리 굽혀 일하던 농부, 덩달아 훨훨
두루미 되어 날아오르겠네

이어도
── 김진국

아무의 눈에도
보이지 않는 한 풍경이 되었다 그는
창에 서랍에 컴퓨터에 책장에
먼지를 알뜰히 키웠다.
검은 물잠자리가 날아오르는 풍경을 낳았다.
세월이 흐르고 흘렀을 때
먼지들은 보랏빛 나비들이 되리라
나비들이 창에 서랍에
컴퓨터에 책장에 스치면
제 각각 새로운 무늬가 되어
百聞不如一見, 苦盡甘來에 어울리는
옷이 되어 순서를 기다리리
아직은 아무 눈에도 들키지 않았다
풍경들이 일제히 숨을 죽인다

궁항*

 궁항으로 직진할, 잠시 만난 천국 포기하고 좌회전할, 아직 지켜야 할 약속** 있다면서 후진할, 궁항에 오기까지 세 갈래 길이, 토란잎 위를 구르는 이슬 방울, 붉은 수수밭의 수수의 고요, 한여름 연꽃으로 첫 번째 길은 열렸다가 닫,

 이슬 방울 붉은 수수알 터뜨려 무수한 生의 알 낳아주던, 生의 알의 생생한 몸체인 양 연꽃들 스무 살 서른 살을 다시 살게, 요정처럼 땅과 하늘 넘나들게,

 미친 동굴 웅크리고 숨어, 그 동굴 속에서도 놓지 못한, 재가 되지 못한, 미친 자의 뇌 속에서도 살아남은 순수의 빛 한 올이 세번째의 길을 열,

 척박한 땅 늪의 모퉁이에서도 기막힌 꽃과 열매 뿜어내듯 산속 깊은 곳에 숨어 사는, 너무 눈부시어 빨려들 것 같은 궁항, 궁항의 기막힌 조화가 침침한 우리 영혼의 菌들 물리쳐줄 수, 궁항, 네 품 속으로 뛰어들지 않아도 이미 죽은 세포들 다시 불러올 수, 네 氣가 또 한 번의 生을 열어줄 수,

* 부안의 궁벽한 곳에 있는 이름 없는 항구.
** 프로스트의 시 「눈 내리는 밤 숲가에 멈춰서서」.

메주

생콩의 시절은 이제 잊은 지 오래
혼자서 가고 싶었던 길도 놓은 지 오래
우리는 이름을 잃고 함께
삶아져서는 함께 섞여서는
함경도 경상도 충청도 전라도
복자네 아랫목에서 다시 태어났다
해탈의 곰팡이 피어날 때까지
몸을 썩히는 일
공중에 매달려서 햇살과 바람
시간의 일부가 될 때까지
몸을 말리는 일을 배운다
즐거운 입맛을 위해
이름을 잃고
어디선가 매달려 살았을 비릿한
내 사랑, 콩
우리들의 안 잊히는 이름,
의 생무덤

한 밭의 후회

씨앗들이
갈증을 견디지 못해
온몸의 물을 퍼가도
목마름을 견디는 일이 있어
목숨을 지탱하던 흙의 입자들
지금 제 몸 속에는 아무도 없다
제 비명에 쓸려가버린 태아,

바닷물이 푸르게 살아 물고기를 키우는 것이
바다에 와 영면한 그 많은 목숨일,
흙들이 토실한 뿌리로 꿈틀대는 것 또한
밭으로 흘러온 그 많은 죽음일,

한순간의 제 비명 소리에 허허벌판이 된
한 밭의 폐허 그 모서리마다 엉켜 있는
非命의 뿌리들을 본다
불임의 입술을 지우면서
후회하고 있는 오래된 밭 하나.

돌에도 봄이

앞산 뒷산에서 울음으로
衆生의 품을 팔던 두견새 눈물
한올한올 진달래 되네
궁항의 물결 바라보다 바라보다 지친 진달래
사람 물이 든 돌이 되네
봄이 오면 사람도
물이 되고 꽃이 되고 새가 되네

열정

너 맞지?
도망 나온 氣 맞지?
빨간 풍선의 둥근 몸에서
어제의 부푼 마음에서
뿌리내릴 사이가 못 된다고?
氣란 헤매기 위해 태어나는 거야
둥둥 떠 있으면서 壽를 다하는 거야
풍선 속에 마음속에
공기가 있어서 부푼 줄 아니?
너야, 너, 氣라고
氣에도 번호가
각각의 주소가 있지
여기는 껍질도 없는
虛空이야

그림자

누군가를 취하게 할 氣가 되는 일
그 氣를 아낌없이 빌려주는 일
검은 형체만 가벼이 남아
누군가의 내면이 낮게낮게 가라앉아 있을 수 있는
심장 혹은
심장 속의 한 잔의 호흡이 되는 일
혼의 껍질을 두껍고 단단하게 말려내기 위한
공복의 生

殘日

고흥 반도에서 서울까지 실려온 꼬막이
제 살아 있음을 알리기 위해
두꺼운 껍질을 열고
핏빛 내장을 모두 보여줄 때의 전율,
율포 낙지가 온몸이 싹둑싹둑 잘린 채로
제 세포가 숨쉬고 있다면서
도마 위를 뒹굴 때의 전율,
동짓달 절구통 물 속에서 돌처럼 꽁꽁 얼었던 참붕어가
햇살을 먹고 살아나서는
제 스스로 또 한 번 生을 호명하는
붕어의 영혼을 바라볼 때의 전율,

금시조

오래 전에
저승 어딘가로 천국 어딘가로 이사한
은희 변춘석 선생님 종주 오빠가
下界가 그리워
제 안의 청색 종을 울릴 때마다 우러나온
황금 물결 소리
그 色과 소리로 낳은
새

다음 生을 기권하고 싶은 이가
침묵으로 낳은,
이미
水性이 말라버린 이의 세포로는
접선할 수 없는
생이별을 모르면 낳을 수 없는
새

봄

욕조에 들어가면
무수히 돋아나는 이슬, 의 가벼움
아무도 없는 욕조에 들어가면
오래된 몸에서도 수줍음이 돋아난다
골목골목 방긋방긋 돋아나서는
제 몸 크기만큼의 숲을 이룬다
이 작은 숲에 모여드는
소쩍이 뻐꾹이 종달이의 울음 소리
진달래 아카시아 들국 피어나는 소리
수줍음 깊어지고
무수한 이슬 속에 들어가
잊혀진 풀벌레 실눈 뜨는
잎잎의, 초록의 새끼 몸체 좀 봐!
가난한 몸에서도
풀 냄새 그윽한 욕조에서의 한나절

예감의 액자 속에, 神을

누군가 잘못된 마음을 이기지 못해
박씨를 허공으로 밀었다면 오히려,
새의 뿌리와
허공의 쌀을 쉽게 쪼아먹을 부리가
돋아날지도 모른다고

누군가의 굴절된 시선이 오히려,
보이는 것이 희망이 되게 해줄지도 모른다고

단명한 사랑이 오히려,
알을 밴 눈동자 품게 해줄지도 모른다고

잘못된 인연 몇 번을 박씨는
코끝 아리게 좋은 運, 쪽으로 해석하고 싶은 적
예감의 액자 속에, 神을
감히 넣고 싶은 적 있었다고

무등산 호박꽃

단 하루의 천지라도 밝혀줄
감히, 태양을 낳고 싶었던 호박꽃
마음이 가는 울타리에서 오랫동안 밀려난
탱자나무 그 가시 울타리가 따뜻한 품속이었던
무등산 호박꽃
그림자 없는 야유 면박 냉대의 땡볕
배양의 꽃가루인 양 빨아들이던 노란 꽃잎들
살아 있는 목숨에도 윤회가 있어
無等等 꼭대기에 둥그런 해를
다른 날은 모르지만, 오늘의 저 태양만은
어젯밤의 내 상처가 낳았다, 고
호박꽃의 이름으로

지리산

산 창 너머
햇살에 매달린 여윈 홍시 몇 개
제 수위로 흔들리는 木魚 같은
한 사람의 뒷모습
그 너머 산자락에 남겨진
꽁꽁 얼어 더욱 빛나는 눈[雪]빛 눈동자
세기가 가고 온다 해도
일몰, 지리산의 바위마다 붉은 산수유로
촘촘히 박힐 파르티잔의 생애 때문인가
가슴이 미어지는 풍경 하나씩 안고
살지 않는 이 없어서인가
바라본 죄를 물어 가슴을 부숴버린다

저물기 위해
풍경처럼 산에 와야 했던 사람들
그들의 침묵 속에 生死를 지켜보는
제 몸 속의 태아들이 보인다
지리산의 일몰 주섬주섬 안고 돌아서는데
어머니의 품을
한올한올 낳아줄 것 같은

태아가 자라는 모습을 환하게 비춰주는
심장이 될 수 있을 것 같은
달의 文身,

4月, 마른 것들을 잠근다

아직도 우리는
살아서 만나고 싶은 뿌리들이에요
우물을 파듯
깡마른 마음을
깡마른 하늘을 파고 또 파지요
아직도
우리 이렇게 살아 있어요, 라며
깡마른 마음
깡마른 하늘을 뚫고 솟구쳐올라
물과 불의 뿌리들을 흔들지요
그때에 天地가
우리를 위해 잠시 마음을 바꾼다고 상상해요
자물쇠를 채우듯
마른 것들을
잠가버린다고 말이에요

감은사 가는 길

처음이란
얼마나 많은 세포를 배는 일이던가
공간이 없어도

깊은 계곡이
촘촘한 山이 사람 사이에도 있으리라
살아 있기에 깊어지는 계곡
살아 있기에 촘촘해지는 山
두번째 가는 감은사
감은사에서 만날 사람은 세번째에도 없으리라
그저,,, 그저,,,
생각하는 일만으로도 무수한 세포가
핏줄을 간질이리라는 예감에 대해
이 길목에 피고 지던 이름없는 풍경들에 대해
事物의 해마저 질 때까지
차가 멈출 때까지

처음이란
얼마나 많은 세포들을 낳는 일이던가
추억만으로도

한 流配家의 정원에서

　사람의 온기를 잃어버리기 전, 그러니까 한 流配家의 눈빛에 팔려 무려 일곱 가구가 십여 년에 걸쳐 이주를 하고 말았다는 전남 화순군 남면 북두칠성 마을, 일곱 가구에 딸려 있던 인기척을 송두리째 빼앗기고도 살아남은 돌꽃나무풀우물새열매들이 孤兒 되어 외롭게 남아 있는 곳, 이곳을 사람들은 오래된 정원이라 부르며 환호한다

　붉은뱀딸기숲을 반 뼘 동백나무 뽕나무숲을 한 뼘 포도 덩굴 매화나무숲을 반 뼘 감나무숲을 가장 길게 돌아서면 통유리창이 있다
　孤兒들이 서로 몸을 부딪쳐 땡그랑 땡그랑 빈집의 처마 끝 놋쇠종의 사방 혈맥을 두드린다
　어쩌다가 여기까지 유배되었는지 알 길 없는 처마 밑 물고기, 너를 밀어 이따금 孤兒들이 숨쉬고 있음을 깨우쳐주는 것은 인기척을 빼앗겨버린 뿌리와 뼈들 사이에 부는 바람이 아니다
　통유리창에 비친 붉은뱀딸기와 이름 모를 풀꽃, 벌 나비와 동백꽃잎과 매화, 포도 덩굴과 오디 감나무와 돌 사이의 고요 그리고 통유리창이 서로 피를 섞어 만

들어낸 사람 소리, 그 소리들이 또 피를 섞어 물고기의 몸을 쳐주고 있는 것이다

  오랜 외로움만으로 제 놋쇠종의 혈맥을 울려 땡그랑 땡그랑 인기척을 새겨내는 놋쇠 물고기, 너를 차마 잊었다고 할 수는 없다

  다만 바라보는 일만으로도 떨리던 色 무늬 향기가 이제는 아주 조금만 떨려오기를,

  최소량의 穀氣 그 이상은 그립지 않게 된 지금, 물 한 점 안 보이는 이곳에서 너를 품고 헤엄칠 용기가 없을 뿐이다

  한 好事家 혹은 流配家의 이기심이 널 이곳까지 유배시켰을지라도 그 섬뜩한 총애마저 부러울 뿐이다

  아니다 내 안의 물고기가 언제쯤, 무엇으로, 處處의, 不毛의, 屈辱의 목에 간신히 매달려 있을 놋쇠종의 사방 혈맥을 쳐서 땡그랑 땡그랑 물들고 싶은 사람 무늬 소리를 우러나오게 할 수 있을는지

  萬物은 서로 살을 섞고 싶은 눈빛과 가까이 살 수 있어야 살아 있다고 말할 수 있다고 외치지 못해 부끄러울 뿐이다

含月山

제 힘으로는
더 이상
버틸 수 없을 만큼
외로울 때
含月山은
마을을 낳는다
사람은
神의 외로움이 낳았다

花石

감포항
물의 잎사귀에
알을 낳고 날아오르려다 덫에 걸린
水星
부르고 싶었던 이름의 魂
잃어버린 시간의 연초록잎사귀무늬와
없는 공간의 알을 밴 연분홍꽃무늬
돌 속에 입적해버린

요절한 죽음의 주인을 만나기 위해
돌 속에 눈[目]의 뿌리를 싹틔운
바닷속 舍利
살아 있는 죽음

해설

죽음의 산란(産卵)

오형엽

　박라연의 이번 시집은 죽음의 길과 생명의 길이 만나 충돌하며 불꽃을 일으킨다. 이 불꽃은 때로 너무 강렬하여 우리의 눈을 현란하게 하지만, 그것은 우물 속에 잠겨 있는 불꽃과도 같아서 우리의 시선을 존재의 내면 깊은 곳으로 인도한다. 이번 시집에서 가장 인상적인 장면은 석양을 묘사하는 부분인데, 여기서 시인은 석양의 '빛'을 '알'로 치환하고 있다.

　　공중의 허리에 걸린 夕陽
　　사각사각
　　알을 낳는다
　　달디단 열매의 속살처럼
　　잘 익은 빛
　　살이 통통히 오른 빛
　　뼈가 드러나도록 푸르게 살아내려는,

>   스물네 시간 중 단 십 분만 행복해도
>   달디달아지는
>   통통해지는
>   참 가벼운 몸무게의 일상 속에서만
>   노을로 퍼지는
>   저 죽음의 황홀한 産卵
>   육백여 분만 죽음의 알로 살아내면
>   부화될 수 있다고 믿을 생각이다
>   시누대처럼 야위어가던 한 生의 그림자
>   그 알을 먹고 사는 나날을 꿈꾼다
>   없는 우물에
>   부화 직전의 太陽이 걸렸다!
>   심봤다!   ―「공중 속의 내 정원 1」 전문

  석양은 태양의 이동 경로 중 끝자리에서 장엄한 최후를 맞이하고 있다. 그런데 시인이 이 석양의 '빛'을 '알'로 인식하는 이유는 무엇일까? "달디단 열매의 속살처럼/잘 익은 빛"과 "살이 통통히 오른 빛"에서 드러나듯, 시인은 석양의 '빛'에서 '알'이 잠재적으로 지닌 풍성한 생명력을 발견한다. 죽음의 예감 앞에서 죽음과 상통하는 새 생명의 도래를 기대하는 것인데, "뼈가 드러나도록 푸르게 살아내려는"과 "참 가벼운 몸무게의 일상 속에서만/노을로 퍼지는"은 이러한 전이가 가능한 조건이 무엇인지 암시해준다. 그것은 인간적 욕망의 근거를 이루는 살과 피를 덜어내는 작업인 것으로 보인다. 그러나 이러한 과정은 "시누대처럼 야위어가던 한 생(生)의 그

림자"에 그 몸무게를 자발적으로 덜어내는 고통을 부과하므로 가혹한 일이 될 수밖에 없다. 죽음의 상황 앞에서 "죽음의 알로 살아내면/부화될 수 있다고 믿"는 생각과, "그 알을 먹고 사는 나날을 꿈"꾸는 일은 육신의 소멸을 각오하고 벌이는 육체적·정신적 모험이 되는 것이다. 이처럼 죽음과 생명이 상충하는 박라연 시의 상상력은, '틈새'의 이미지를 통해 그 중층적 의미가 드러난다.

  1) 그 바위와 바위 사이의 응달
     그러니까, 최소량의 穀氣인 흙과 수분 햇살이
     산 자의 육안으로도 좀처럼 짐작되지 않는
     저 폐허!
     그 틈새서도 수백 년쯤 거뜬히 살아낸
     해마다 붉은 기운을 암자 가득히
     바다 가득히 물들여내는 동백
     그의 거처에서 뿜어져나오는 살아 있음의
     생생함을 본 후에도 살고 싶지 않으면
     태어나기 이전의 제 세포의
     숫자를 헤아려볼 일이다   —「靈龜庵 육체론 1」부분

  2) 우면산의 나무 한 그루에
     돌담을 둥그렇게 쌓는다 제 몸집만
     으로는 쉽게 틈이 생길까 두려워
     아무나 함부로 넘보지 않게 하려고
     산에 오를 때마다

그 나무 옆구리에 돌무덤을 쌓는다
저 집은,
아픈 마음들이
미리 들어가 쉬기도 하는 곳
(……)
거미줄에 걸린 잠자리처럼
사는 일이 참혹할 때
저 집이,
한시적인 죽음으로 시간을 끌어주면
죽음의 나체 같던 겨울 나뭇가지에
피가 돌 듯
시커멓게 그을린 마흔 넘은 그림자에도
생피가 흐르기를 바라면서,　　　　—「돌무덤」부분

 "자살하고 싶은 자(者), 영구암(靈龜庵)에 가보라"로 시작되는 1)의 시는, 자살하고 싶은 사람에게 삶의 의욕을 권고하는 내용으로 되어 있다. 인용한 부분에서 화자는 바위와 바위 사이의 응달에 주목한다. 이 '틈새'는 "최소량의 곡기(穀氣)인 흙과 수분 햇살"이 있을 뿐인 '폐허'의 공간이다. 그러나 이 틈새의 폐허에서 수백 년쯤 거뜬히 살아낸 '동백'은 "해마다 붉은 기운을 암자 가득히/바다 가득히 물들여"낸다. 시인은 '틈새'에서 뿜어져 나오는 "살아 있음의/생생함"을 삶의 의욕으로 체험하는 것이다.

 반면 2)에서 화자는 "제 몸집만/으로는 쉽게 틈이 생길까 두려워" "우면산의 나무 한 그루에/돌담을 둥그렇게 쌓는다." 바위와 바위 틈새의 폐허에서 동백의 생명력을 발견한 시인이, 자기 몸의 틈새가 두려워 나무 옆구리에 돌무덤을 쌓는 모습은 쉽게 이해되지 않을 수도 있다. 그러나 "아무나 함부로 넘보지 않게 하려고"라는 구절은, 돌무덤을 쌓는 작업이 보통 사람이 근접할 수 없는 고독과 자존의 방식임을 알려준다. 그리고 "아픈 마음들이/미리 들어가 쉬기도 하는 곳"은 이 길이 죽음에 이르는 길임을 암시한다. 이 죽음은 역설의 죽음이다. 왜냐하면 시인은 돌무덤이 "한시적인 죽음으로 시간을 끌어주면" "시커멓게 그을린 마흔 넘은 그림자에도/생피가 흐르기를 바라"고 있기 때문이다. 결국 시인은 1)에서 틈새의 폐허에서 동백의 생명력을 발견함으로써 삶의 의욕을 얻는 반면, 2)에서 자기 몸의 틈새를 막음으로써 한시적인 죽음으로 죽음을 극복하려 하는 것이다. 이러한 사실은 박라연이 생명으로 죽음을 극복하는 방법과 죽음으로 죽음을 극복하는 방법을 동시에 추구하고 있음을 암시해준다. 그의 시에서 전자의 대표적인 방법으로 '수혈'이 등장한다.

> 枯死木을 베어낸다
> 죽어가던 한 사람 몸의 일부도 벤다
> 그 자리에 진달래 눈빛을 수혈한다
> 진달래 눈빛들이
> 다 살아내지 못한 채 떠나는 소나무,
> 와 한 사람의 몸의 일부를
> 공중 속의 정원

> 햇살 많이 드는 곳에 심어주겠지
> 비비새 한 마리
> 滿開한 산벚꽃나무를 흔들며
> 꽃상여 되어주자, 되어주자 조른다
> 지 지 배 배 지 지 배 배
> 요령 소리를 낸다 ──「공중 속의 내 정원 5」전문

 이 시는 고사목과 죽어가던 사람의 몸을 베고 그 자리에 진달래 눈빛을 수혈하는 장면을 보여준다. 진달래의 눈빛은 생명이 고갈되는 죽음의 자리에 새로운 자연의 생명력을 심어준다. 여기서 진달래 눈빛을 수혈하는 주체는 누구일까? 제목으로 제시된 '공중 속의 내 정원'과 3행의 "그 자리에 진달래 눈빛을 수혈한다"로 미루어, 그것은 시인 자신일 수도 있다. 그런데 우리는 이 수혈이 이루어지는 곳, 즉 '공중 속의 정원'에 주목할 필요가 있다. 그것은 현실의 물리적 공간이 아니라 시인의 상상력에 의해 형성된 시적 공간이라고 볼 수 있다. 앞서 인용한 「공중 속의 내 정원 1」에서 위 인용 시에 이르는 '공중 속의 내 정원' 연작시는 시인이 독창적인 상상력에 의해 형성한 시적 공간을 우리에게 제시한다. 하지만 이 '공중 속의 정원'에서는 '태양의 빛'과 '진달래 눈빛' 뿐 아니라 '동박새' 등의 자연으로부터의 '수혈'이 이루어지고 있다. 따라서 이 공간에서 주인은 인간이 아니라 자연이다. 인용 시에 나타난 '비비새'를 보라. "만개(滿開)한 산벚꽃나무를 흔들며" "지 지 배 배 지 지 배 배/요령 소리를" 내면서 발랄하고 충만한 생명력을 발산하

고 있지 않은가. 결국 이 시에 나타난 '수혈'의 주체는 시인 자신인 듯하지만, 진달래 눈빛과 비비새와 산벚꽃 나무 등의 자연이 그 실질적 주체로 작용하고 있는 것이다. 다음의 시는 자연의 주인됨을 더 선명히 보여준다.

> 오를 수 없는 山이어서
>
> 온갖 마음들의 육체가 되기도 하는 山
>
> 사람의 무게만 희고 파래져서 돌아갈 뿐
>
> 山의 무게는 아무런 변화가 없는 것
> ―「질량 보존의 법칙 1」 전문

이 시에 등장하는 자연은 산인데, 산의 무게는 변화가 없고 사람의 무게만 희고 파래져서 돌아간다. 사람이 '희고 파래진다'는 것은 오염되고 퇴색된 몸과 마음이 원초적 생명력과 순결을 회복한다는 의미일 것이다. 그런데 '무게가 희고 파래진다'라는 말에는 또 다른 의미가 개입되어 있을 것 같다. 인용 시의 내용을 변주한 듯한 작품인 「아직은 5월」에는 "배냇적 무게만큼 몸의 일부가/희고 파래질 때 일어선다"라는 구절이 나온다. "배냇적 무게만큼"에 주목하면, 희고 파래진다는 것은 몸무게가 줄어들어 태아의 상태로 돌아간다는 의미도 내포하고 있음을 알게 된다. 그렇다면 인용 시의 3행은 사람들이 태아의 상태로 회귀하면서 몸과 영혼의 불순물이 정화되는 모습을 보여주는 것이다. 이 '몸무게 줄임' 혹은 '태아로의 회귀'는 죽음을 극복하는 두번째 길, 즉 죽음을 통해 죽음을 극복하는 방법과 관련되어 있는 듯하다. 이를 구체적으로 살피기 위해 다음의 시를 읽어보자.

> 빛의 무게와 색채가 만져지는 순간
> 사람의 등으로 잠시 비켜서주시는 神,
>
> 적십자병원에 들러
> 아직 남은 순결한 세포들을 늘리려고
> 헌혈을 한다 더 이상 사람의
> 무게를 축내지 않으려고 단식하듯
> 제 이름을 지운다
> 상처도 너무 오래되면 빛의 무게가
> 될 것 같아 함께 지운다 ──「질량 보존의 법칙 4」

'헌혈'은 '수혈'과 상반되는 방식이지만, 죽음을 극복하려는 목적은 동일하다. 시인이 "아직 남은 순결한 세포들을 늘리려고/헌혈을" 하는 것은, "단식하듯/제 이름을 지"우는 것과 같은 작업이 된다. '단식'은 생존을 위해 필요한 영양분을 끊음으로써 더 건강한 생존을 추구하는 일이며, '이름 지우기'는 "빛의 무게"와도 같은 '상처'를 지워서 본래적 자아를 회복하는 일이다. 박라연에게 있어 이러한 상황이 육신의 실제적 병고에서 생기는 일인지 자세히 알 수 없지만, 시적으로 이 상황은 자아의 껍질을 벗음으로써 자아 이전의 원초적 존재의 상태, 즉 자연으로 돌아가려는 시도로 이해될 수 있다. 따라서 '헌혈'과 '단식'과 '이름 지우기'로 표현된 이 자기 소거의 모험은, 자연의 주인됨을 수락하는 것과 동궤에서 이루어지는 것이다.

 자연의 주인됨과 동궤에서 이루어지는 자기 소거의 모험은 "영면했을 때/내세(內世)이든 내세(來世)이든/그 내부가 더 선명해지는/온전한 뿌리가 되는/종교처럼/누워서/끝에 닿아보고 싶다"(「느티나무」)에서 내면 깊은 공간으로 누움으로 형상화되기도 하고, "청량 누에가 뽑아내는 비단실이 그러하듯/꽃잎을 무수히 떨어낸 과즙이 그러하듯/유지매미의 울음이 그러하듯/그대에게 가는 길에도 속도와 예의(禮儀)가 있으리"(「죽음에 대한 禮儀」)에서 죽음을 삶의 완성으로 인식하는 태도로 나타나기도 한다. 자신의 몸을 소멸시킴으로써 새로운 생명을 얻고자 하는 이러한 시도는 어쩌면 좌절이 예고된 무모한 싸움일지도 모른다. 그러나 이 무모한 싸움이 시다운 시를 낳는다.

  다시 꿈꿀 수 있다면
  개미 한 마리의 손톱으로 사천오백 날쯤
  살아낸 백송, 뚫고 들어가 살아보는 일
  나무 속에 살면서
  제 몸의 일부를 썩히는 일
  제 혼의 일부를 베어내는 순간을 닮아보는 일
  향기가 악취 되는 순간을 껴안는 일
  다시 꿈꿀 수 있다면

제것인 양 슬픔을 연기하는 배우처럼
　　누군가의 슬픔을 소리낼 줄 아는 새가 되는 일
　　새가 되어 살면서
　　미처 못 간 길, 허공에 길을 내어주는 일
　　그 길을 또다시 잃어버리고도
　　개미 한 마리로 살아내게 하는 일
　　나무 속에 살면서 새가 되어 살면서
　　축복은 神이 내리고
　　불운은 인간이 만든다는 것을
　　인정하는 일. 　　　　―「다시 꿈꿀 수 있다면」 전문

　시인은 다시 꿈꿀 수 있다면 나무 속에 살면서 자기 몸의 일부를 썩히고 싶다고 말한다. 그것은 혼의 일부를 베어내는 것과 동일한 과정이다. 박라연은 "해탈의 곰팡이 피어날 때까지/몸을 썩히는 일"(「메주」)에서도 나타나듯, 자신의 육신을 썩히고 혼을 베어내는 작업을 통해 삶의 향기뿐 아니라 죽음의 악취까지 껴안으려 한다. 이러한 태도는 죽음까지도 긍정하고 받아들이는 운명에 대한 큰 사랑 없이는 가능하지 않은 것이다. 또한 시인은 다시 꿈꿀 수 있다면 새가 되어 누군가의 슬픔을 소리내고 싶다고 말한다. 타인과 이웃의 슬픔을 울어주는 새의 소리는, 개인의 내면에서 솟아나는 슬픔이 자기 연민의 차원을 넘어서 보편적 슬픔으로 승화되는 시적 서정의 비밀을 말해준다. 마지막 구절인 "축복은 신(神)이 내리고/불운은 인간이 만든다는 것을/인정하는 일"은 인간의 주인됨을 포기하고 신의 축복을 기다리는 사유의 전

환을 보여주면서, 한편으로는 "다시 꿈꿀 수 있다면"이라는 간절한 소망과 더불어 시인이 처한 비극적 상황을 눈물겹게 드러낸다. 자기 몸의 일부를 썩히고 혼의 일부를 베어내는 이러한 작업은, 그 연장선에서 세상의 사물들에 개입하여 그것을 말리는 작업으로 이어진다.

> 이미 시체뿐인 네 몸에서
> 내 혼을 찾아내리라
> 내 혼은 이제 오직 나 혼자만의 것
> 매춘은 아름다운 시작,
> 날마다 만나게 될 세상의 풍경들을 말리리라
> 도톰한 입술처럼 말려졌을 때
> 향불이 되어 스며들리라
> 나는 쉬 사라지고 너는 너무 넓지만
> 내 맑은 醉氣로 드넓은 세상
> 단 한순간만이라도 醉中得道시킬 수 있다면
> 나의 매춘은 오래오래 유효하리라
> 내 몫의 고통스런 풍경들을
> 말리고 말리리라 아무도 없는
> 하늘 아래서 너무 멀리 떠밀려온
> 빈 배 위에서　　　　　　 ——「아름다운 시작」 부분

　시인은 자기 몸과 혼의 일부를 덜어낸 후에 다시 폐허의 세상 속으로 침투하여 자신의 혼을 찾아내고자 한다. 그리하여 고통스런 세상의 풍경들을 말리고자 한다. 자기 소멸을 통해 세상의 풍경에 개입하는 이 과정을 시인

은 '매춘'이라고 부른다. 세상의 풍경들을 말린다는 것은 오염되고 변질된 세계의 육체를 공기 중에 펼쳐두고 정화시킨다는 의미로 이해될 수 있을 것이다. 그것은 이미 '헌혈'과 '단식'과 '이름 지우기'를 통해 자신의 육신과 혼을 덜어낸 자에 의해서만 가능한 일이 된다. 시인은 그것을 "내 맑은 취기(醉氣)로 드넓은 세상/단 한순간만이라도 취중득도(醉中得道)시"키는 것이라고 말한다. 결국 박라연은 자기 소멸을 통해 세상의 폐허에 개입하여 그 고통스런 시체의 현실을 변화시키고자 하는 것이다. 그런데 이 시에 나타나는 '취기'와 '취중득도'는 시인의 이러한 시도가 '기(氣)'와 '도(道)'라는 정신적 혹은 영적 차원의 추구를 통해 이루어지고 있다는 것을 보여준다. 이러한 차원을 자세히 살피기 위해 다음의 시를 읽어보자.

1) 너의 아름다운 혼들이
　고된, 마른, 검은 마음 속에
　한올한올 문신하듯 새겨진다는 거
　붉은 꽃잎 떨굴 때 붉은 氣를
　초록 잎사귀 떨굴 때 초록의 氣를
　그의 혼에 고스란히 넣어주고 영면한다는 거
　나의 半도 너와 함께 떠날 거라는 거
　나, 잊지 않을게 　　　　　　　—「獻花歌」부분

2) 만물의 마음속 악마가

어느 한순간 화들짝 善해질 때

나타나는 초록 가지 사이로

알이 되어 스며들고 싶은 곳   ——「어머니, 靈山」부분

1)에서 시인은 "너의 아름다운 혼들이" "붉은 꽃잎"을 떨굴 때 "붉은 氣"를, "초록 잎사귀"를 떨굴 때 "초록의 氣"를 "그의 혼에 고스란히 넣어주고 영면한다"고 말한다. 여기서 '너'와 '그'가 구체적으로 누구인지 분명치 않지만, '혼'에서 '혼'으로 전달되는 '기(氣)'의 차원을 박라연이 중시하고 있음을 알 수 있다. 시인이 다른 시에서 '육체'와 더불어 '혼'에 대해 말할 때 이미 영적·종교적 차원에 관여하고 있다고 볼 수 있는데, 이러한 '혼'과 '기'의 차원은 시적 이미지로 형상화되지 않고 그 자체로 작품의 표면에 노출될 때 자칫 관념화될 우려도 지닌다. 인용된 1)뿐 아니라, "너 맞지?/도망 나온 氣 맞지?/빨강 풍선의 둥근 몸에서/어제의 부푼 마음에서/뿌리내릴 사이가 못 된다구?/기(氣)란 헤매기 위해 태어나는 거야"(「열정」)나, "누군가를 취하게 할 기(氣)가 되는 일/그 기(氣)를 아낌없이 빌려주는 일"(「그림자」) 등에서도 그러한 위험이 나타나는데, 이것이 더 강하게 나아가면 "창에 서랍에 컴퓨터에 책장에/먼지를 알뜰히 키웠다./〔……〕/세월이 흐르고 흘렀을 때/먼지들은 보랏빛 나비들이 되리라"(「이어도」)에서처럼 과도한 신념과 소망의 상상적 표현으로 나타나는 경우도 생긴다.

그러나 대부분의 시에서 박라연은 폐허의 현실을 통과하는 고통과 오래 견딤을 통해 이 정신적·영적 차원을 추구하는 모습을 보여준다. 2)의 제목에 나타난 '영산(靈山)'은 이미 "오를 수 없는 산(山)이어서/온갖 마음들의 육체가 되기도 하는 산(山)"(「질량 보존의 법칙 1」)에서 그 모습을 보인 바 있는데, 자칫 관념화되기 쉬운 대상을 '어머니'의 이미지와 결부시킴으로써 시적 형상화에 성공하고 있다. '산'이라는 자연은 '어머니'의 품처럼 홀로된 새끼들이 풀어낸 독을 씻어주고, 요절한 새의 심장을 다시 뛰게 하는 정화와 재생의 공간이다. 따라서 '산'은 '어머니'의 이미지와 결부될 때 정신적·영적 차원으로 승화되며 '영산(靈山)'의 의미 공간으로 떠오를 수 있다. 시인은 이 어머니의 품속 같은 자연의 공간인 초록 가지 사이로 "알이 되어 스며들고 싶"어한다. '스며드는 것'은 자신의 육신을 지우며 가라앉는 과정, 즉 죽음의 길이지만, '알이 되는 것'은 태아의 상태, 즉 생명의 본향으로 돌아가는 길이 된다. 결국 박라연은 '어머니'와도 같은 '영적 자연' 속에 깊이 가라앉음으로써 죽음이 재생으로 이어지는 순간을 갈구하는 것이다. 이러한 '영산(靈山)'은 다음의 시에서 "안 보이는 숲"으로 변주되어 나타난다.

 사람이 한순간
 안 보이는 숲이 된다는 것은
 오소리 꿩 멧새들의
 산매화 산아카시아 산벚꽃의

> 나는 것과 정지되어 있는 것의
> 혈액을 동시에 수혈받고 싶어서일 것이다
> 온몸의 무기질이 모두 빠져나가버리는
> 암전의 순간,
> 이슬 한 방울 무지개 되어 머무르는 곳
> 안 보이는 사람의 숲 ──「안 보이는 숲」 전문

"나는 것과 정지되어 있는 것." 즉 자연의 순결한 생명력을 수혈받는 것은, "온몸의 무기질이 모두 빠져나가버리"는 자기 소실의 순간에 이루어진다. 이것은 수혈과 헌혈, 다시 말해 생명으로 죽음을 이기는 길과 죽음으로 죽음을 이기는 길이 동시에 진행되어 하나로 결합됨을 의미한다. 역방향으로 진행되던 이 두 힘이 한자리에서 만나 충돌할 때 불꽃이 일어난다. 따라서 인용 시에 나타난 "암전의 순간"은 다름아닌 '불꽃의 순간'이다. 박라연의 시에서 "이슬 한 방울"이 '무지개'로 떠오르는 것은 바로 이러한 내적 동인에 의해서 가능해지는 것이다. "한 방울의 이슬만으로도/저승을 밀어낼 수 있다고 말해주세요/부디"(「生」)라고 간절히 기도하는 시인에게 있어, "이슬 한 방울"이 "무지개 되어 머무르는 곳"은 바로 그가 궁극적으로 추구하는 "안 보이는 사람의 숲"이다. 따라서 그가 시도하는 영적·종교적 차원은 이 지상의 현실을 벗어난 천상의 세계가 아니라 "사람의 숲" 속에 존재하는 것이다. 이 "안 보이는 사람의 숲"을 보는 것은 우리 자신의 눈이 아니라 자아의 무게를 덜어낸 후 얻어지는 멧새들과 산벚꽃의 눈을 통해서 가능해질 것이다. "불임의 입술"과 "한 밭의 폐허"에 엉켜 있는 "비명(非命)의 뿌리들" 속에서 "목마름을 견디"(「한 밭의 후회」)고 있을 박라연 시인이, "안 보이는 사람의 숲"에서 '이슬의 무지개'를 거듭 볼 수 있기를 희망한다.